J. M. J.

LIVRET
D'AGRÉGATION
A LA
CONFRÉRIE DU SACRÉ-CŒUR
ÉRIGÉE DANS L'ÉGLISE D'ECQUES.

MONTREUIL-SUR-MER,
DE L'IMPRIMERIE DE JULES DUVAL,
RUE DES BARBIERS, 14.
1859.

Billet d'Admission.

Le de l'année 18

M

a été reçu membre de la Confrérie érigée en l'église paroissiale de Saint-Nicolas d'Ecques, en l'honneur du Sacré-Cœur de Jésus, et affilié à l'Archiconfrérie du même nom établie à Rome dans l'église Sainte-Marie-de-la-Paix, pour participer à toutes les prières et bonnes œuvres de l'Archiconfrérie, et jouir de toutes les grâces, privilèges et indulgences accordés à cette sainte Confrérie.

Le Directeur :

STATUTS DE LA CONFRÉRIE.

I.

Tous les confrères doivent savoir qu'aucune des règles établies ci-dessus n'oblige sous peine de péché, mais qu'en les omettant on perd les graces spirituelles qui y sont attachées.

II.

Une Coufrérie, en l'honneur du Sacré Cœur de Jésus, est établie dans l'église Saint-Nicolas d'Ecques.

III.

Cette Confrérie est affiliée à l'archiconfrérie établie à Rome dans l'église Sainte-Marie, dite de la Paix, à l'effet de gagner les indulgences qui y sont attachées.

IV.

Le but qu'on se propose est: 1° d'honorer par un culte spécial le Sacré Cœur de Jésus, modèle de toutes les vertus ; 2° de reconnaître l'amour infini qu'il nous a témoigné dans les mystères de sa vie et de sa mort, et dont il brûle sans cesse pour nous dans la Sainte Eucharistie ; 3° de réparer les outrages qu'il reçoit dans cet auguste sacrement.

V.

M. le Curé de la paroisse est de droit directeur de la Confrérie.

VI.

Tous les fidèles de l'un et de l'autre sexe à quelque paroisse qu'ils appartiennent peuvent être admis dans la Confrérie, s'ils ont fait leur première communion et sont âgés d'environ quinze ans. Avant cet âge, ils peuvent être reçus comme aspirants et sont tenus aux mêmes devoirs que les confrères.

VII.

On n'admettra dans la Confrérie que les personnes dont la conduite est vraiment chrétienne et morale ; en seront exclus ceux qui mènent une vie scandaleuse, qui se livrent le saint jour du dimanche à des travaux défendus, et particulièrement les filles qui fréquentent les cabarets et les danses publiques.

VIII.

L'inscription suffit pour être membre de la Confrérie et pour avoir droit à tous ses privilèges. Cependant, si quelques personnes désirent être reçues avec plus de solennité, elle seront reçues solennellement à l'autel du Sacré Cœur et y prononceront la formule de consécration.

IX.

Chaque associé recevra lors de son admission un cachet et le certificat de son admission.

X.

Les conditions essentielles pour être membre de la Confrérie et pour gagner les indulgences sont :

1° d'être inscrit sur le registre de la Confrérie ; 2° de réciter chaque jour le *Pater*, l'*Ave Maria*, le *Credo* et l'aspiration : *Cœur adorable de Jésus, faites que je vous aime toujours de plus en plus* ; 3° d'accomplir les œuvres particulières auxquelles les indulgences sont attachées.

XI.

Tous les confrères s'efforceront d'honorer le Sacré Cœur de Jésus autant par la régularité de leur vie que par la ferveur de leurs prières. Ils feront en sorte d'édifier le prochain par la bonne odeur de leurs vertus, par leur zèle pour la gloire de Dieu et de sa Sainte Mère, par leur assiduité aux offices de l'église, par la fuite des plaisirs du monde, enfin ils s'efforceront de mener une vie si pure et si chrétienne qu'ils puissent mériter de communier souvent.

XII.

Ils se feront un devoir d'approcher le plus fréquemment et le plus saintement possible des sacrements de Pénitence et d'Eucharistie. Ils sont fortement engagés à le faire au moins aux fêtes de la Confrérie.

XIII.

Ils tâcheront de ne passer aucune semaine sans faire une visite à J.-C. dans le T. S. Sacrement, pour lui renouveler leur consécration et lui faire amende honorable pour tous les crimes qui se sont commis et qui se commettent dans le monde, notamment pour les outrages faits au Sacrement adorable de nos autels.

XIV.

Ils assisteront chaque jour, autant que possible, au saint sacrifice de la Messe avec ferveur et dévotion.

XV.

Pour réparer autant qu'il est possible en eux les injures faites au saint nom de Dieu, ils diront du fond de leur cœur, toutes les fois qu'ils l'entendront outrager : *Sit nomen Domini benedictum, ex hoc nunc et usque in sæculum*. Béni soit le Seigneur maintenant et à jamais, ou quelqu'autre aspiration équivalente.

XVI.

Ils ne sépareront point la dévotion au Cœur immaculé de Marie de la dévotion au Sacré Cœur de Jésus, qu'ils s'efforceront de propager comme la plus parfaite de toutes les dévotions, la plus agréable au ciel et la plus utile à la terre.

XVII.

Les confrères auront les uns pour les autres une tendre charité; ils se regarderont tous comme frères, prieront les uns pour les autres, se visiteront dans leurs maladies, surtout les plus voisins, pour suggérer au malade des sentiments chrétiens, l'exhorter à la résignation, à la patience. S'ils aperçoivent quelques dangers, ils l'engageront à se disposer à la réception des sacrements; ils veilleront à ce que M. le Curé soit averti à temps, et au besoin ils l'avertiront eux-mêmes.

XVIII.

La fête principale de la Confrérie est celle du Sacré Cœur fixée pour le diocèse au 3me dimanche après la Pentecôte, et qu'on célèbrera avec solennité. Les fêtes secondaires sont celles de Noël, l'Ascension et le jour de l'Adoration (16 octobre).

XIX.

Ces jours là et le 4me dimanche de chaque mois, il y aura un exercice public en l'honneur du Sacré Cœur. Cet exercice se composera d'un salut solennel.

XX.

Chaque année, le premier jour libre après la fête du Sacré Cœur, on célèbrera un service solennel pour toutes les personnes décédées dans la Confrérie. Les confrères devront y assister.

XXI.

Pour former une union de prières, les confrères sont invités à offrir chaque mois, pour les confrères défunts, ou une sainte communion, ou la récitation du chapelet, ou quelqu'autre bonne œuvre semblable.

XXII.

Tous les confrères sont priés d'assister aux enterrements de leurs confrères décédés.

XXIII.

Il n'est dû aucune rétribution pour l'entrée et la réception dans la Confrérie ; mais les confrères qui le peuvent sont invités à subvenir par des offrandes entièrement volontaires et renouvelées chaque année, aux dépenses dont la Confrérie est chargée.

XXIV.

A chaque réunion de la Confrérie on fera une quête dont le produit, joint à celui des dons volontaires, sera consacré soit à l'ornement de la chapelle du Sacré Cœur, soit aux autres dépenses de la Confrérie.

Ce présent Règlement a été approuvé par Monseigneur l'Evêque d'Arras, le 24 juin 1838.

INDULGENCES PERPÉTUELLES

et applicables aux âmes du Purgatoire, accordées à tous les Membres de l'association générale du Sacré Cœur par les rescrits du Souverain Pontife Pie VII, du 7 mars 1801 — 15 novembre 1802 — 12 et 15 juillet 1803 — 2 avril et 7 juillet 1805 — 4 mars 1806 et 7 juillet 1815.

INDULGENCES PLÉNIÈRES

1° Pour chaque Confrère en particulier, le jour où il entre dans la Confrérie ; — 2° le jour de la fête du Sacré Cœur ; 3° le premier vendredi, ou le 1er dimanche de chaque mois, à son choix ; — 4° un autre jour de chaque mois, à son choix : — 5° à l'article de la mort, pourvu que, vraiment pénitent, on invoque au moins de cœur, si on ne le peut de bouche, le très-saint nom de Jésus ; — 6° le jour de la Conception-Immaculée de la Sainte-Vierge ; — 7° de Noël ; — 8° de Saint-Jean l'Evangéliste; — 9° de la Purification de la Sainte-Vierge ; — 10° de Saint-Joseph: — 11° de l'Annonciation de la Sainte-Vierge; — 12° le Jeudi-Saint; — 13° le jour de Pâques; — 14° les six dimanches ou les six vendredis qui précèdent la fête du Sacré-Cœur; — 15° le jour de l'Ascension; — 16° de Saint-Pierre et de Saint-Paul ; — 17° de l'Assomption ; — 18° de la Nativité de la Ste-Vierge; — 19° de la Toussaint ; — 20° des morts.

POUR GAGNER CES INDULGENCES PLÉNIÈRES IL FAUT :

1° Etre inscrit sur le registre de l'Association ; — 2° réciter tous les jours le *Pater*, l'*Ave*, le *Credo* et l'aspiration *Cœur adorable* etc. ; — 3° approcher avec les dispositions convenables des sacrements de Pénitence et d'Eucharistie ; — 4° avant de communier diriger son intention à l'effet de gagner l'indulgence, ou pour soi, ou pour les âmes du Purgatoire; — 5° réciter le jour de sa communion au moins cinq fois le *Pater* et l'*Ave Maria* selon l'intention du Souverain Pontife.

Il y a de plus un grand nombre d'indulgences partielles qu'il serait trop long de citer dans ce court livret et qu'on trouvera facilement dans d'autres livres

PRIÈRES
A L'USAGE DES CONFRÈRES.

ACTE DE CONSÉCRATION AU SACRÉ-CŒUR DE JÉSUS.

Je m'engage de tout mon cœur, pour toute ma vie, à la confédération d'amour et de réparation formée en l'honneur du Sacré-Cœur de Jésus. Je renouvelle l'alliance sacrée que j'ai contractée avec lui dans le saint baptême, et renonçant de nouveau à Satan, à ses pompes et à ses œuvres, je dévoue au cœur adorable de mon divin Maître et à celui de sa très-sainte Mère, tout ce que je suis et tout ce que j'ai, pour le temps et pour l'éternité. Ainsi soit-il.

SALUT DU SACRÉ-CŒUR.

1° Antienne à la Sainte-Vierge selon le temps ; — 2° *Ave verum* — ou *O salutaris* ; — 3° l'acte de consécration suivante :

O cœur adorable de Jésus, le plus tendre, le plus aimable, le plus généreux de tous les cœurs, qui vous consumez d'amour sur cet autel environné des anges qui tremblent et vous adorent ; pénétré de reconnaissance et de douleur à la vue de vos bienfaits et de l'ingratitude des hommes, je viens me consacrer à vous sans réserve et sans retour ; je viens me dévouer comme une victime chargée de mes péchés et de ceux de mes frères, et en particulier les outrages qui ont été commis contre le sacrement de votre amour.

Je veux les expier à force de pénitence et de ferveur, afin de consoler votre amour et de réparer votre gloire; je veux employer ma vie à propager votre culte, et à vous gagner, s'il se peut, tous les cœurs. Vous serez désormais mon refuge dans mes peines, ma lumière, mon espérance, ma force, ma consolation, mon tout. C'est là vous et pour vous seul que j'offrirai mes actions, mes prières et mes larmes; ce seront vos exemples et vos maximes qui régleront ma conduite; en les suivant, je marcherai toujours dans les sentiers de la justice et de la paix.

Recevez donc mon cœur, ô Jésus, ou plutôt prenez-le vous-même; changez-le pour le rendre digne de vous; rendez-le humble, doux, pénitent et généreux comme le vôtre, en l'embrâsant de votre amour; cachez-le dans votre cœur en l'unissant au cœur immaculé de Marie, afin que je ne le reprenne jamais. Ah! plutôt mourir que de jamais offenser ou contrister votre cœur adorable; mais qu'à la vie, à la mort et pour l'éternité, je sois tout à son amour. Ainsi soit-il.

4. Ensuite on chante quelque-chose de ce qui suit:

HYMNE AU SACRÉ-CŒUR.

Christi Triumphos, dignaque nomine
Statis diebus, gesta juvet coli;
Nunc cor sacratum, caritatis
Perpetuæ veneramur aram.

Hæc nempe carnis pars melior sacræ
Hæc ara magni conscia fœderis
Quam numen implet, quam trementi
Angelicum tegit agmen ala.

Altis quot ignes visceribus latent
Amoris o quæ quantaque vis tui!
De corde nostro, Christe, cordi
Delicias proprio creasti.

Tu, sœcla mundum currere cœperant,
Tu nos amabas; jam cupidum sitit
Mortem, dolores, proba, pectus,
Quid nimio nimis est amori?

Pendens cruenta quos cruce parturis
Ardente gestas nuncque foves sinu
Insonsque mundo pro nocente
Cor gemitu rogat efficaci.

O cor amandum! quis mihi simplicis
Alas columbæ quis dabit, ut tuos
Petam recessus, sic amantem
Ut docear redamare Christum.

Laus summa Patri, summaque filio,
Sit summa sancto gloria flamini:
Tibi sacratas, Christe, mentes
Perpetuo tuus ignis urat. Amen.

LITANIES DU SACRÉ-CŒUR.

Kyrie, eleison.
Christe, eleison.
Christe, audi nos.

Christe, exaudi nos.
Pater de cœlis Deus, miserere nobis.
Fili redemptor mundi Deus,
Spiritus sancte Deus,
Sancta Trinitas unus Deus,
Cor Jesu,
Cor Jesu in Sacramento tuo tui ipsius prodigum
Cor Jesu charitatis vinculum,
Cor Jesu delectabile convivium,
Cor Jesu manna absconditum,
Cor Jesu prodigiorum Dei compendium,
Cor Jesu in horto anxiatum,
Cor Jesu sudore sanguineo debilitatum,
Cor Jesu apostolorum defectione afflictum,
Cor Jesu ab angelo confortatum,
Cor Jesu patris imperio submissum,
Cor Jesu opprobriis saturatum,
Cor Jesu propter scelera nostra attritum,
Cor Jesu usque ad mortem obediens factum,
Cor Jesu pro suis inimicis charitate plenum,
Cor Jesu lanceâ perforatum,
Cor Jesu in cruce sanguine exhaustum,
Cor Jesu refugium peccatorum,
Cor Jesu fortitudo justorum,
Cor Jesu victima pro peccatis,
Cor Jesu pax et reconciliatio nostra,
Cor Jesu sanctificatio cordium,
Cor Jesu spes morientium,
Cor Jesu gaudium beatorum,

Miserere nobis

Miserere nobis.

Propitius esto, parce nobis Jesu.
Propitius esto, exaudi nos Jesu.
Ab ira, odio et omni mala voluntate,
A subitanea et improvisa morte,
Per amorem cordis tui,
Per dolores cordis tui,
Per agoniam cordis tui,
Per vulnus cordis tui,
Per gaudia cordis tui,
Libera nos Jesu.
Peccatores, te rogamus audi nos.
Ut cor patientissimum nobis largiri digneris, te rog.
Ut corda nostra igne tui amoris accendere digneris, te rogamus audi nos.
Ut corda nostra tuo cordi similia efficere digneris, te rogamus audi nos.
Agnus Dei, qui tollis peccata mundi, parce nobis Jesu.
Agnus Dei, qui tollis peccata mundi, exaudi nos Jesu.
Agnus Dei, qui tollis peccata mundi, miserere n. Jesu.

℣. Tu es patientia mea, Domine.

℟. Domine, spes mea a juventute mea.

OREMUS. Domine Jesu, cujus cor amantissimum in ara crucis charitate consummatum pro omnibus expiravit; corda nostra eodem igne charitatis accendere digneris, ut ad te unum aspirare, et in te uno expirare mereamur; qui vivis et regnas Deus Amen.

5° *Tantum ergo sacramentum* etc.

APRÈS LA BÉNÉDICTION :

6° *De profundis*, pour les associés défunts ;
7° Un cantique de sortie.

LIVRET

D'AGRÉGATION

A LA

CONFRÉRIE DU SACRÉ-CŒUR

ÉRIGÉE DANS L'ÉGLISE D'ECQUES.

MONTREUIL-SUR-MER,
DE L'IMPRIMERIE DE JULES DUVAL,
RUE DES BARBIERS, 14.
1859.

www.ingramcontent.com/pod-product-compliance
Ingram Content Group UK Ltd.
Pitfield, Milton Keynes, MK11 3LW, UK
UKHW020959230726
13924UKWH00009B/136

9 782019 949327